북유럽이 좋아!

핀란드·스웨덴·덴마크·노르웨이
건축 디자인 여행

나시에 지음 | 이현욱 옮김

Chapter: 01

Finland
핀란드

핀란드가 낳은 세계적인 건축가 알바 알토의 스튜디오와 집을 찾아가다!

Chapter: 02

Sweden
스웨덴

가보고 싶었던 곳인, 에릭 군나르 아스플룬드가 설계한 스톡홀름 시립도서관!
심플하고 모던한 매력이 돋보이는 스웨덴 디자인의 보고였다.

Chapter: 03

Denmark
덴마크

덴마크 디자인 박물관에서는 유명한 덴마크 거장들의 작품을 눈앞에서 감상했다.

Chapter: 04

Norway
노르웨이

빙산처럼 아름다운 오슬로 오페라하우스에 마음을 빼앗겼다. 노르웨이 디자인의 저력을 느꼈다.

라플란드의 원주민 사미족이 다 모이는 북극권의 노천시장 '요크모크 윈터마켓' 여행 사진 대공개! ♪

라플란드 (북극권)

Chapter: 05

Lapland

얼음의 성 아이스 호텔

첫 개썰매 체험

다양한 수공예품을 구경할 수 있는 마켓

Chapter 01

핀란드

Contents

스웨덴

Chapter 03

덴마크

※2015년 2월 4일의 여행 이야기입니다.

핀란드
Finland

Helsinki

환율: 1유로(€)=약 1300원(2019년 2월 기준)

영화에는 아카데미넨 서점 1층의 전경은 나오지 않기 때문에 생각지 못한 감동을 느낄 수 있다.

서점이라기 보다 모던한 박물관 같아!

이렇게 대단한 사람이 디자인 했구나!

핀란드 라고 하면 바로 이 사람

북유럽의 **근대 건축가**

이 서점을 디자인한 사람이 바로 알바 알토.

Alvar Aalto 1898-1976

핀란드가 낳은 20세기를 대표하는 세계적인 건축가. 도시계획가, 디자이너. 건축에서 가구 디자인까지 다양한 분야에서 활약했다.

더 많은 알토의 디자인을 만날 수 있는 장소로 출발!

Aalto

고고고!

알바 알토에 대해서 더 알고 싶어!

알토가 디자인한 조명 '골든벨'

해외에 있다는 사실을 잊어버릴 정도의 편안함!

서점 2층에 있는 '카페 알토'에서 서점의 전경을 내려다 볼 수 있다.

베리 케이크와 커피

이번에 소개한 '아르텍' 본점의 외관은 2015년 4월 시점의 것이다.
2016년 3월에 케스쿠스카투(Keskuskatu) 거리로 이전했다(지도는 이전 후).

12

14

식당

먼저 스튜디오 1층에 있는 식당으로 갔다.

천으로 덮인 천장의 조명에서 부드러운 빛이 쏟아진다.

그렇군! 기능적 ♥

식당과 부엌 사이에 있는 카운터와 식기 보관대는 양쪽에서 열 수 있게 만들었다.

오렌지색 조명 때문에 마음이 편안해진다!

제도실

2층은 넓은 공간이 기분 좋게 느껴지는 제도실

안타깝게도 안쪽은 출입 금지. 알토가 여기에서 설계를 했구나.

알토의 건축에 사용된 대리석은 핀란드에서 가장 유명한 도자기 브랜드 '아라비아 (Arabia)'의 제품이다.

알토가 디자인한 의자에서 볼 수 있는 유명한 기법. 자작나무를 사용하여 세계에서 단 하나뿐인 기술로 직선의 나무를 아름다운 곡선으로 가공한다. 미적 아름다움뿐만 아니라 강도도 아주 뛰어나다.

대리석 견본

홀

홀에 도착했다. 훤히 트인 높은 천장과 빛이 잘 들어오는 창문. 알토가 디자인한 가구가 진열된 밝은 공간이다.

잡지나 책에서 자주 본 이 풍경. 꿈의 공간이 바로 눈앞에!

반짝반짝 빛난다!

Aalto

이런 에피소드를 알면 알수록 알토에 대한 호감도가 더 상승하지. 살 엄두가 나지 않는 가격이지만 언젠가 꼭 사고 싶어.

3200유로 안팎의 가격이에요.

몸과 마음에 모두 부담이 없는 디자인을 생각한 알토의 설계 콘셉트에 감동했어.

앉으면 자연스럽게 폐가 열려서 편안함

부드러운 곡선 디자인

그리고 파이미오 체어를 발견했다. 알토가 결핵 환자를 위한 요양원(사나토리움)을 설계했을 때 디자인한 의자다.

식탁 의자는
신혼여행으로
갔던
이탈리아에서
구입한 것

커튼은
시에나
무늬

부인
아이노가
디자인한
유리컵

이딸라
(Iittala)의
'아이노'

대표 인기
패턴이네.

스튜디오와 집
양쪽에 아트숍이
따로 마련되어
있으니
꼭 방문해보길
바란다.

알토가
디자인한
트롤리
테이블

알토의 대표적인 유리제품
알토 베이스

사이드
테이블은
장난감같이
귀엽다.

알토의 스튜디오와 집

★ **알토의 스튜디오**
트램 4, 4T를 타고 Tiilimäki 역에서 하차한 후 도보 약 5분
가이드 투어: 화~일요일 11:30(계절마다 다름)

★ **알토의 집**
트램 4를 타고 Laajalahden aukio 역에서 하차한 후 도보
약 5분
가이드 투어: 화~일요일 13:00, 14:00, 15:00
(계절마다 다름)

나는 스튜디오(11:30~)와 집(13:00~) 가이드 투어를 한 번에
돌았다. 입장료는 각각 18유로이지만, 양쪽 모두 참가하면 30
유로에 티켓을 구입할 수 있다. 가이드 투어 후 20분 정도 자
유롭게 견학할 수 있는 시간이 있었다. 가이드 투어 시간 이
외에는 오픈하지 않는다.

빛이 잔뜩
들어오는 공간이
너무 아름다웠어~

Aalto

전 이걸
샀어요!

흰색은 품절로
검은색 구입. 25유로에 샀다.

티셔츠의 프린트는 알토가 설계
한 비푸리 도서관의 드로잉이다.

각 1유로

엽서 네 장과
책갈피 두 개

※사우나에 대한 상세한 내용은 129쪽에 있다.

어?
롱케로가
없네.

호텔에 들어가기 전 슈퍼에서 롱케로를 사려고 했는데…

핀란드에서 일반적으로 사우나 후에 마시는 술. 진에 그레이프 프루트 소다를 탄 칵테일 음료다.

롱드링크(일명 롱케로)란?

롱케로!

하트월(HARTWALL)제품

롱드링크는 오래 즐기면서 마실 수 있는 술이라는 의미다.

소코스 슈퍼 오리지널 브랜드의 라즈베리맛으로 구입!

하트월의 제품이 대표적이지만 이 외에도 다양한 롱케로가 있다.

이것도 롱케로예요?

롱케로?

지나가던 아주머니

핀란드는 베리가 유명해.

자기 전까지 방 안에서 충분히 즐기면서 최고로 행복한 시간을 보냈어요.

알토에 둘러싸여 사우나와 롱케로로 핀란드를 만끽한 행복한 밤이었어요.♡

얼굴이 달아오르면서 술기운이 온몸에 퍼진다. 달콤한 베리맛이 나서 마시기 편한 추하이(소주에 탄산수를 탄 음료) 같다!

와!! 맛있어!

알코올 도수 4.7% 2.25유로

아름다운 디자인에 둘러싸여 있으니 나도 센스 있는 사람이 된 것 같아.

다음날 아침

아침 식사를 하기 위해 호텔 레스토랑으로 이동했다. 여기도 알토로 가득하다.

스웨덴과 핀란드에서 많이 먹는 미트볼과 바삭바삭한 베이컨

뷔페식으로 핀란드의 일반적인 아침 메뉴가 다양하게 준비되어 있다.

청어 초절임은 북유럽의 대표 음식! 케첩 절임이나 머스터드 절임 등 마리네(절임-옮긴이)의 종류도 다양하다.

흑빵과 에멘탈 치즈

커피 ♥

카렐리아 지방의 전통요리 카렐리아 파이. 편의점에서도 호빵처럼 쉽게 살 수 있다.

북유럽 디자인을 마음껏 즐길 수 있는 이 호텔은 1박에 100유로대예요! 알토를 좋아하는 사람이라면 꼭 가보세요.♪ 강력 추천!

과일도 맛있게 먹었어요.

오가닉 뮤즐리※ 종류도 다양

※뮤즐리는 곡물과 말린 과일을 섞은 것으로 시리얼과 비슷하다.

23

디자인 박물관
Designmuseo

고딕 양식의 지붕, 귀여운 외관, 센스 있는 디자인의 입구와 매표소로 한층 기분 업!

세련된 숍이 줄지어 늘어선 디자인 지구(Design District)의 중심에 위치한 디자인 박물관!

에로 아르니오   마리메꼬   알바 알토

핀란드 브랜드

아라비아

학교로 쓰이던 건물을 이용한 미술관으로 1층의 상시 전시에서는 시대별로 핀란드를 대표하는 디자이너의 가구와 패션 등을 볼 수 있다. 2층과 지하에서는 지금 주목받는 디자이너나 기업의 기획 전시가 정기적으로 개최된다.

디자인 박물관의 입장권은 조금 특별하게 스티커로 되어 있다.

옷에 딱!

아트숍

입구

들어갈 때는 그냥 벽이라고 생각했지만 나갈 때 이 스티커를 벽에 붙이는 참가형 아트라는 사실을 깨달았다.

어? 벽에 스티커가?

카우니 스테의 쟁반

알토의 책

박물관을 본 소감을 해당하는 곳에 스티커를 붙여서 표현한다.

이 스티커를 붙이면 되는구나!

입장권을 버리는 것이 아니라 아트의 일부로 활용하는 점도 핀란드답다고 생각했다.

디자인 지구에 위치한 숍의 상품이 진열되어 있다.

위치는 10번 트램을 타고 Johanneksenkirkko 역에서 하차하면 바로 보인다.

키아스마 현대미술관
Nykytaiteen museo Kiasma

보는 각도에 따라 달라요.

입구는 여기 ←

미국의 건축가 스티븐 홀의 설계로 1998년에 문을 연 현대미술관이다.

곡선과 직선이 아름답게 조화를 이룬 구조와 측면에 사용된 유리가 인상적이다.

현대미술을 좋아하는 사람이라면

참신한 현대미술이나 화제의 영상 등을 이용한 디지털 아트가 전시되어 전혀 지루하지 않다. 항상 기획전이 열려 국내외의 주목할 만한 아티스트의 작품을 체크할 수 있다. 북유럽에서 주목받고 있는 젊은 작가들의 전시도 열린다.

입구를 빠져나가면 위층으로 이어지는 아름다운 나선형 경사로가 보이고 중간에 천장이 없이 5층까지 훤히 트인 유리천장에서는 부드러운 빛이 쏟아져요.

건물 옆에 있어요.

1층에 있는 개방적인 공간 카페 키아스마는 시민들의 만남의 장소로도 이용된다고 해요.

마음에 쏙 드는 곳

만네르헤임 원수 동상
(핀란드군의 최고사령관)

MAP

키아스마 현대미술관
중앙우체국
헬싱키 중앙역
Mannerheimvägen
postikatu

아트숍

무료로 들어갈 수 있으니 전시를 볼 시간이 없더라도 꼭 들러보길!

북유럽에서는 도시락이 대유행!

도시락통

자작나무로 만든 가방

다양하게 준비된 귀여운 노트

※수~금요일은 20:30까지 연장 개관! 헬싱키 중앙역에서 도보 3분 거리다.

Hakaniemi

지하철, 트램 모두 5~10분 정도

헬싱키 중앙역

MAP

헬싱키 중심지에서 트램 1, 1A, 3, 6, 6T, 7A, 7B, 9나 지하철을 타고 Hakaniemi 역에서 내린다.

독자적인 문화를 만들어낸 화제의 지역이다.

젊은 아티스트들이 이 지역에 모여들어

예전에는 작은 공장들이 여기저기 세워진, 노동자들의 거주 지역이었던 '칼리오 지구'.

KALLIO

이제 칼리오 지구의 예쁜 가게 투어!

시작!

GO

핀란드를 상징하는 동물인 곰 은 핀란드 여기저기 서 볼 수 있다.

안경을 쓴 곰

OPTIKKO

근처 안경점 간판

KARHU

레스토랑의 입간판

역에서 걸어서 곰을 주제로 한 곰공원에 도착했다. 이 주변에 상점이 많다.

깜짝!

무서워.

Hi~

타투를 한 왕언니 느낌의 직원

빈티지 액세서리와 가방 그리고 옷! 굉장히 많은 제품이 진열되어 있는데도 지저분한 느낌이 전혀 없는 성숙한 분위기의 디스플레이가 매력적이다.

Hoochie Mama Jane

먼저 이곳!

26

가게 안의 카페
Teekuppila
CHOHO matte

마리메꼬의 천과 알토의 스툴 60의 콜라보 ♥

멋진 매장 안을 감상할 수 있는 카페 공간도 마련되어 있다.

벽에 그려진 나무 그림에 진짜 액세서리가 걸려 있다. →

Olo-huone second hand &life style

2 디스 플레이 방식이 독특 하다!

엽서&부엌용 타월

2유로

22 유로

품격 높은 분위기의 리 폼된 옷과 소품이 다양 하게 준비되어 있다. 특 히 원피스 종류가 아주 다양하다. ♪

키토스 (감사 합니다)!

구입했어요!

소중하게 사용한 듯한 상태가 좋은 가방

레이스와 꽃무늬 가 여성스러운 가방

초현실적인 무늬의 포장지

젊은 아티스트들의 작품이 나의 창작 욕구를 자극하는걸!

오래된 것을 독자적인 센스로 되살려 새로운 가치를 창출한다.

Ansa Second Hand ☆
Hoochie Mama Jane ☆
교회
Olo-huone second hand& life style
곰공원 (Karhupuisto)

지도는 여기!

MAP

Portharinkatu
Kolmas linja
Tavashvägen

메인 거리에서는 볼 수 없는 느낌. 도쿄라면 고엔지나 시모키타자와 같은 느낌 일까?

아티스트들의 장인 정신을 피부로 느낄 수 있는 매력적인 가게에 가서 정말 좋았어!

S-Market

하카니에미 마켓홀

트램 Hakaniemi 역

지하철 Hakaniemi 역

가게까지 도보 10분 정도

템펠리아우키오 교회
Temppeliaukion kirkko

여기로 들어 가야 되나? 아무리 봐도 교회 같지 않아.

또 다른 참신한 외관의 교회라고 하면 바로 이곳! 세계적으로도 보기 드문 암석 교회다.

유리창으로 부드러운 빛이 들어온다.

암석 교회에 울려 퍼지는 파이프오르간의 음색이 최고라고 한다.

우주선이 바로 위에 떠 있는 것 같은, 동으로 만든 원반

안은 꽤 넓고 개방적! 천장이 높고 밝은 분위기다.

수오말라이넨 형제가 설계하여 1969년에 완성되었다.

초가 놓인 공간은 환상적인 분위기

제단

사람들이 자신과 마주하게 되는 교회에 자연을 그대로 살린 디자인을 채택한 점이 바로 핀란드의 매력!

지붕 위에도 올라갈 수 있어요.

단단한 천연 돌에서 강력한 힘을, 돌 표면에 내리쬐는 햇빛에서 온기를 느꼈어요.

MAP

Sammonkatu

템펠리아우키오 교회

Temppelikatu

Runeberginkatu

가는 법: Rautatieasema 역에서 2번 트램을 타고 8분간 승차한 후 Sammonkatu 역에서 하차. 도보 2분 거리.

미르메키 교회의 투명하고 하얀 벽과 천장에 매달려 있는 오렌지색의 조명이 너무 아름다워서 사진을 본 순간 '여기에 가야겠다!' 하는 생각이 강하게 들었다.

반짝

반짝

가야만 해!

이 책을 통해 알게 되었어요.

핀란드 빛의 여행 북유럽 건축 탐방

JUHA LEIVISKA

알토와 어깨를 나란히 하는 핀란드 대표 건축가 유하 레이비스카의 작품은

2

플랫폼에 내리면

가르쳐준 할머니

역에 서도 보여!

미르메키 교회는 1984년에 세워진 교회로 일명 '빛의 교회'로 불린다.

Louhela

전철로 20분

헬싱키 중앙역

한 정거장 전의 Myyrmaki 역에서 내리지 않도록 주의!

헬싱키 중앙역에서 16~18번 플랫폼에서 출발하는 M라인의 전철을 타고 20분 정도 간 다음 Louhela 역에서 내린다.

Hi!!

교회 관계자

이 안이구나!

핀란드 느낌~

교회로 가는 길은 자작나무 가로수 길로 기분이 상쾌하다!

아침 햇살이 들어오는 유리로 된 현관 입구는 개방적인 인상을 준다.

NO.69 체어

안으로 들어서면 알토가 디자인한 의자가 나란히 놓여 있고

《핀란드 빛의 여행 북유럽 건축 탐방》(고이즈미 다카시 저, 쁘띠 그랜드 퍼블리싱)(국내 미출간–옮긴이)은 아름다운 사진과 심플한 문장으로 북유럽 건축의 매력을 잘 보여주는 사진집이다.

어떻게 이렇게 맑고 깨끗할까. 섬세하게 설계된 느낌이 전해진다.

눈앞에 펼쳐진 하얀 벽과 빛의 공간….

반짝
반짝

조명의 빛이 마름모꼴의 광원으로 보이기도 하고

잠깐 앉아서 전체를 바라보니

조명도 그의 디자인

세부까지 꼼꼼하게 계산된 조명의 높낮이 … 이렇게 아름답게 배치할 수 있다니!

세로로 길게 들어오는 빛도 전체 디자인과 맞춰진 듯한 느낌!

정말 따뜻한 기분이 들었다.

천사로 보이기도 하고

멋져!

파이프 오르간도 빛의 모양으로 보인다.

히에타라하티 마켓 홀
신선식품 판매점과 카페. 핀란드를 대표하는 카페인 로버츠 커피도 있다.

이 앞에서 열려요!

히에타라하티 마켓
Hietalahden Kauppahalli

빈티지 식기부터 집에서 잠들어 있는 보물까지 구입할 수 있는 벼룩시장 '히에타라하티 마켓'은 북유럽 잡화를 좋아하는 사람이라면 누구든 가보면 좋을 곳이다.

아라비아 제품인 칼레발라 플레이트를 발견, 하나에 19유로로 두 개 구입 했다.

핀란드의 서사시 〈칼레발라〉를 모티브로 한 그림이 그려진 그릇

Arabia

표정을 보면 마음이 편해진다.

실을 감는 노부부 ♥

편안한 분위기의 목제 인형. '귀여워!' 하고 흥분했더니 6유로에서 4유로로 가격을 할인해주었다.

iittala

오이바 토이카가 디자인한 도기, 이딸라의 버드 바이 토이카! 120유로.

Ohjeita sauna

사우나를 할 때 사용하는 타월일까? 사우나와 관련된 일러스트가 재미 있다. 5유로에 구입했다.

포장마차 카페

백곰과 코끼리 저금통. 은행의 증정품이라고 한다.

핀란드인은 미키보다는 도널드파. 도널드 관련 제품이 잔뜩 놓여 있었다.

조금 오래된 것 같은 스웨덴 공예품 달라헤스트를 발견. 귀국 후에 잘 닦았더니 예쁜 말로 변신. 17유로에 구입했다.

6번 트램을 타고 Hietalahdentori 역에서 하차한 후 도보 2분(바로 보인다). 헬싱키 중앙역 앞의 트램 Rautatieasema 역에서는 도보 10분 정도 거리다. 내가 방문한 4월에는 가게가 드문드문 열렸지만 여름에는 대규모로 열리기 때문에 볼거리가 더 풍성하다. http://www.hietalahdenkauppahalli.fi/

34

보고 있으면 마음이 따뜻해진다.

사랑과 고독을 주제로 한 감동적인 휴먼 드라마로

내가 정말 좋아하는 영화 가운데 〈야곱 신부의 편지〉라는 핀란드 영화가 있다.

DVD

쓰는 것이 기도였다

야곱 신부의 편지

// POSTIA PAPPI JAAKOBILLE
야곱 신부의 편지

화려함이라고는 찾아볼 수 없는 작품이지만 조용하고 어두운 분위기 속에서 하나하나의 에피소드가 빛을 발한다.

외진 마을에 사는 맹인 목사 야곱

1970년대 핀란드 시골 마을이 배경이고 등장인물은 다음의 세 명!

목사에게 편지를 배달하는 우편배달부

12년을 복역한 후 석방되어 야곱 밑에서 일을 하게 된 여자 레일라

몇 번을 봐도 눈물이 나.

제82회 아카데미상 외국어영화상 핀란드 대표
제66회 핀란드 아카데미상 최다 4개 부문 수상
각국 영화제에서도 다수 수상!

대사도 거의 없는 심플한 영화인 만큼 핀란드의 자연이 더 돋보인다.

〈야곱 신부의 편지〉(감독 클라우스 해로, 2009년)의 DVD가 현재 나와 있다.

영화에서 가장 눈이 가는 장면은 광활한 하늘과 함께 몇 번이나 등장하는 큰 석조 교회다.

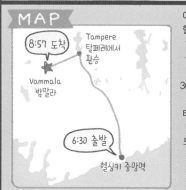

아침 일찍 헬싱키 중앙역에서 출발해서 두 시간 30분 정도 전철을 타고 가면 밤말라에 도착했다.

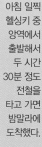

(Tyrvään Pyhän Olavin kirkko)
세인트 오아프 교회라고 하는구나~!

이 교회가 밤말라는 곳에 있다고 하여 실제로 방문해 보기로!

습지?

발이

푹푹 빠져

길을 잘못 들어 고생도 하고

휴~

이렇게 40분 정도 걸으니

음매

음매

먹이를 준다고 생각했는지 내 옆으로 와줬다.♡

도심에서 떨어진 밤말라는 목가적이고 여유로운 마을. 가는 길에 양을 발견하고 잠깐 즐거운 한때를 즐기기도 했다.

36

건너편에
교회가
보인다!
두근두근!
순간
소름이
돋았다.

끝이 뾰족한
맞배지붕과
외벽의
화강암이
대자연
속에서
압도적인
존재감을
뽐내고
있었다.

초록빛 초원을 달리는 말도 보고 기분은 상쾌!

교회 앞에 펼쳐진 호수와 수면에 비친 하얀 구름

큰 호수 근처의 부두 다리에 앉아 천천히 흐르는 시간에 그저 몸을 맡겼다.

조용 하다!

영화에서 뿜어져 나오는 자연의 아름다움은 영상기술 만으로는 표현할 수 없는 진정한 아름다움 이라고 확신하면서

수프에 케이크에 커피까지 세트로 대만족!

진한 맛의 감자 수프가 일품!

뷔페식 인데도 가격은 6.3유로로 합리적 이었다.

점심은 역 앞의 고급스러운 음식점 'Liekoranta' 에서 먹었다.

북유럽의 식사에는 채소가 적게 들어가지만 이곳은 채소 종류가 다양해서 좋았다!

메인 요리는 참치와 닭고기. 전체적으로 매우 건강한 점심 메뉴였다.

건물과 조명 디자인의 진수를 미르메키 교회에서 본 것 같았다.

호텔 헬카에서는 핀란드식 조식을 먹었다. 카렐리아 파이는 반드시 먹어보도록!

핀란드 브랜드 제품을 만날 수 있는 활기찬 히에 타라하티 마켓

캄피 예배당 외관은 한번 보면 절대 잊을 수 없다! 정말 눈에 띈다.

관광책자에는 나오지 않는 영화 촬영지를 방문해서 추억 가득한 여행을 할 수 있었다.

칼리오 지구를 산책하다 보면 세련된 중고 잡화를 다양하게 만날 수 있다.

핀란드의 캐릭터

핀란드는 무민이나 앵그리버드와 같은 캐릭터로 유명하지만 '하카라이넨'이라는 염소 캐릭터를 알고 있는 사람은 많지 않다.

'하카라이넨'은 몽유병을 앓는 염소로 인기 그림책 시리즈의 주인공이다. 핀란드의 유명한 그림책 작가 마우리 쿠나스의 작품이다.

처음에는 '아이들이 보는 그림책에 몽유병?' 하고 수상쩍은 생각이 들었지만 읽어보니 정말 재미있었다. 낮에는 조용한 성격이지만 밤에는 무서움을 모르는 염소로 대변신! 완전 팬이 되었다.

《쿨쿨 씨의 밤 산책》
(국내 미출간-옮긴이)
저자: 마우리 쿠나스

마우리 쿠나스의 박물관 '하카라이넨의 집'이 핀란드 밤말라에 있다는 말을 듣고 반가운 마음으로 보러 갔다(마우리 쿠나스는 밤말라 출신). 관내에는 마우리 쿠나스의 그림책별로 세계관이 만들어져 있어 각각의 코너에서 놀수 있다.

주스는 병 또는
캔으로 있고

맛도 다양하다.
보통 무민의 옆에
놓여 있다.

서양배맛 ←

의상을 입고 무대 세트와 같은 공간에서 신이 나서 떠드는 아이들을 부러운 마음으로 바라보면서 전시된 그림 원고에 흠뻑 빠졌다. 마우리 쿠나스의 매력은 핀란드의 문화와 생활을 그림에 적극적으로 반영한다는 점이다. 섬세하게 색을 입힌 그림을 가까이에서 보니 마음을 담아 그림을 그리는 모습이 떠올라 뭉클해졌다.

헬싱키의 슈퍼에서도 하카라이넨의 치약과 주스를 볼수 있었다!

Info. **하카라이넨의 집** Herra Hakkaraisen talo
http://herrahakkaraisentalo.net/
Marttilankatu 1038200 Sastamala

Chapter 02

스웨덴
Sweden

Stockholm

환율: 1스웨덴 크로나(SEK)=약 126원(2019년 2월 기준)

둥근 천장 모양에 따라 원형의 책장이 3층까지 360도 도서관을 빙 둘러 싸고 있다.

창문으로 들어오는 빛을 부드럽게 반사한다.

중간층의 천장이 없는 확 트인 돔 형태의 건축으로 천장에는 요철이 있어서

내가 갔을 때는 각국 시인의 책을 모아두었어요.

원형 홀 뒤에는 갤러리 같은 작은 공간이 있다.

홀 뒤
약도

매일 다니고 싶어. ♡

이런 도서관이 집 근처에 있으면 좋겠다!

아름답게 배열된 책에 둘러 싸여 마음이 편안해 졌어.

자연스럽고 귀여운 제품도 있지만 우아한 무늬나 선명하고 대담한 디자인도 있다.

안으로 들어가니 완전한 스벤스크트 텐 월드! 다양한 패턴의 천이 인테리어와 완벽한 조화를 이뤘다.

일본에서는 좀처럼 볼 수 없는 것들이 가득!

오스트리아 출신이지만 스웨덴에 귀화하여 죽기 전까지 스벤스크트 텐의 디자이너로 일했어.

스웨덴 모더니즘의 선구자

이 디자인을 한 사람은 바로 요세프 프랑크!

Josef Frank
1885 - 1967

에릭손이 콩고를 여행하면서 코끼리에 감명을 받아 본인이 직접 디자인 했다고 해요.

창업자인 에스트리드 에릭손

이 외에도 스벤스크트 텐의 상징이기도 한 코끼리가 유명하다.

겨울의 일조 시간이 짧고 눈이 많이 내리는 북유럽의 방에 두면 기운이 날 것 같다.

밝고 자유롭고 식물이 무럭무럭 자라는 듯해!

① 노디스카 갤러리엣

시크하고 중세풍이면서도 현대적인 느낌의 공간에 흠뻑 빠졌어요. 언젠가는 넓은 집에서 살고 싶어라… 하는 꿈을 꿀 수 있는 공간 이었어요.

북유럽 각국의 유명 가구 라인업을 다양하게 갖추고 있는 넓은 매장이 마치 쇼룸 같다.

③ 아스플룬드

주인 형제의 이름이 가게의 이름이 되었다. 1990년에 문을 연 아스플룬드는 북유럽, 이탈리아, 프랑스 등지의 가구, 식기, 커틀러리, 디자인 잡화 등의 세련된 제품을 다양하게 갖추고 있다.

꽃병

질감이 좋아 보여!

목제 키보드

유니크하고 특이한 디자인도 많기 때문에 시간 가는 줄 몰라요!

특이한 모양의 조명등

② 외스테르말름 시장

세련된 이 거리에 위치한 것만으로도 고급스럽고 우아한 분위기가 난다. 채소, 고기, 해산물, 베이커리 등등 보는 것만으로 두근두근 즐겁다.

100년 이상의 긴 역사

인테리어 숍을 구경하는 중간에 들르면 좋은 실내 시장

가게의 간판 엘크의 박제

맛있다!!

시나폰롤 (29SEK)

전통요리 얀손의 유혹

연어 오픈 샌드위치

시나폰롤

④ 모더니티

알토, 야콥센, 웨그너와 같은 20세기를 대표하는 디자이너의 제품을 취급하는 빈티지 셀렉트숍. 존재감 있는 오래된 가구가 다양하게 진열되어 있다.

천장에는 루이스폴센의 Re 아티초크 램프!

살짝 망설이다가 긴장하면서 들어갔는데 매장 직원이 굉장히 친절하게 맞아줘서 감동했다.

궁금한 것을 알려주셨어요!

노르웨이 디자이너네요.

털이 폭신폭신

이 쉽스킨 너무 좋다!

MARTIN OLSEN 作

⑤ 디자인 하우스 스톡홀름

NK는 고급스러운 매장이 모여 있는 북유럽 최대 규모의 백화점. 중간에 천장이 없는 기분 좋은 공간을 위에서 바라보는 것도 좋아요!

하리 코스키넨의 대표작 블록 램프를 구입(995SEK)! 전구를 그대로 얼음 안에 얼린 듯한 충격적인 작품. 빛이 굉장히 아름답다.

NK의 지하

DESIGN
Stockholm
HOUSE

이곳은 스톡홀름의 인테리어숍 가운데 가장 마음에 든 곳! 제품의 질도 좋기 때문에 상품이라기보다 예술 작품을 보는 듯한 느낌이 들었어요.

1992년에 창업한 디자인숍. 너무 비싸지 않고 일상생활에서 사용할 수 있는 아름다운 디자인을 콘셉트로 북유럽 디자이너들의 아이디어를 상품화하고 있다.

work Lamp

Nordic Light Candleholder

처음 봤을 때는 '순록은 아닌 것 같은데 무슨 동물이지?' 하고 생각했다.

쟁반

컵 받침

순록은 물론 엘크도 스웨덴에서 자주 볼 수 있는 모티프다.

Älg

갑작스럽지만 엘크(elk)라는 동물 아세요?

스웨덴 브랜드 'moz'는 대표적인 무늬가 엘크 모양

사슴과의 말코손바닥사슴

참고로 도로에는

순록 주의

엘크 주의

숲의 왕!!

엘크는 스웨덴 최대의 포유동물이다. 신장 240~310cm, 체중 200~825kg으로 스웨덴의 숲의 왕이라 불린다.

몸도 뿔도 엄청 크다!

사람과 비교

스칸센에 가려면 왕립공원 앞의 Kungsträdgården 역에서 7번 트램을 타고 Skansen 역에서 내린다.

그래서 스톡홀름에서 하나밖에 없는 동물원에 엘크를 보러 갔어요! 동물원은 스칸센 야외박물관 안에 있어요.

MAP

Skansen

NK

왕립공원

7번 트램을 타고 10분 정도

kungsträdgården

북방민속박물관

감라스탄

셉스홀멘 섬

유르고르덴 섬

Skansen

스칸센

유르고르덴 섬은 도시 안에서 자연을 느낄 수 있는 곳

아침 일찍인데도 사람들이 북적북적

무서운 이미지였는데 성격은 온화한가 봐.

10분 후

어린 암컷 엘크

기분 좋게 일광욕 중

엘크다~!!

꺄

20분 후

움직임 없음!!

설립자

아르투르 하셀리우스 (민속학자)

급속한 공업화로 인해 사라져가는 전통을 남겨두고 싶다!

스칸센 야외박물관의 가장 큰 볼거리는 1700년쯤부터 세워진 전통적인 건물을 스웨덴 각지에서 옮겨와 전시한 곳이다.

순록

바다표범

스이~~

곰

이 외에도 순록, 곰, 바다표범 등 북유럽에 서식하는 동물을 볼 수 있다.

학예원이 초등학생의 옛 생활 체험을 도와주고 있다.

나무를 자른다.

옛날 농작업용 도구와 일용품

kyrkhult farmhouse

지붕에 풀이 자라 자연친화적!

전통적인 붉은색 페인트로 칠한 교회

160채의 건물과 전시의 예

The Alvros Farmstead

Seglora Church

시나몬롤을 비롯한 다양한 빵이 진열되어 있다.

와~! 갓 구운 빵 냄새!

쿵 쿵

직원이 추천해준 빵을 두 개 샀어요.

가게 안에는 이 시대의 특징적인 작업장 풍경이 펼쳐진다.

빵틀, 나무통, 작업대인 가마, 지피는 장작

벤치에서 유르고르덴 섬의 아름다운 경치를 내려다보면서 기분 좋은 한때를 보냈다!

대표 메뉴!!

시나몬롤 kanelbulle 16SEK

은은한 카다몬의 향기 때문에 더 맛있다. 살짝 딱딱하고 작은 크기가 딱 내 취향!

가까운 고지대에 벤치가 있어서 그곳에서 빵을 먹었어요.

슈거 프레첼 Socker Kringla 16SEK

둘 다 맛있어요.

깜짝 놀랄 정도로 폭신폭신하고 쫀득쫀득! 단맛을 줄인 부담스럽지 않은 맛이라 두 개 정도는 금방 사라져요.

가게에 매달려서 간판 역할을 하는 빵!

59

풍요로운 자연이 살아 숨 쉬는 유르고르덴 섬의 숲 안쪽에 위치한
광대한 정원, 로젠달 가든 Rosendals Trädgårds

다시 7번 트램을 타고 로젠달 가든에 왔어요!

투명한
이곳이 카페

스톡홀름
시민들에게
사랑받는
곳이에요.

내가 방문한 4월은 히아신스, 수선화 등 봄꽃이 만발하는 시기였다. 여름은
가장 많은 방문객이 이곳을 찾는 시기로 꽃을 구경하기 가장 좋다고 한다. 가
을은 로젠달 가든의 로고인 사과 농원의 수확 시기다. 사과가 열린 나무 밑에
서 여유로운 시간을 즐길 수 있다.

로고 마크

35종 이상의
사과를
재배하고 있다.

다람쥐도
있어요.

밭에서 키우는 오가닉 채소, 허브, 과일은 비영리단체가 '바이오다이내믹'
이라는 농법으로 재배하고 있다. 이곳에서 딴 작물은 카페에서 먹을 수 있
다고 한다. 카페는 옥외에도 자리가 마련되어 있기 때문에 자신이 원하는
곳에서 여유로운 시간을 즐길 수 있다.

화관을 쓴 아이가
가게의 분위기와 잘
어울린다.

로젠달 가든 카페
Rosendals Trädgårds Kafé

토마토의 신맛과
바질이 산뜻하게
느껴지는 부드러운
수프가 빵과
잘 어울려서
맛있게 먹었어요!

서늘한 기운이
느껴져서 수프를
주문했어요.
수프볼에 가득 담긴
따끈따끈한
토마토 수프!

토마토 수프
95SEK

가든 부티크
Trädgårdsbutiken

빵, 케이크,
오가닉 잼,
그리고
일용품을
판매한다.

플랜트보덴
Plantboden

화분이나 정원 꾸미기
도구 등을 구입할 수 있다.
씨앗을 담아주는
봉투의 디자인도 예쁘다!
작은 것에서도 디자인
센스를 느낄 수 있다.

집 주변이나
정원을
중요하게
생각하는
북유럽의
라이프
스타일이
느껴지는
곳이었어요.

강아지도 산책을~

MAP

로젠달 가든

7번 트램을 타고
벨만스로(Bellmansro)
역에서 하차한 후
도보 5분.
근처에 Rosendals
라고 쓰여 있는
간판이 보인다
(화살표 방향이다).

Bellmansro
도보

61

외스테르말름 시장의 한 숍의 간판. 박력 있는 거대한 엘크!

스웨덴 사람들에게도 사랑받는 왕립공원의 벚꽃. 활짝 핀 당당한 모습에 감동했다.

'아스플룬드'는 편안하고 자연스러운 분위기가 매력적이다.

스벤스크트 텐의 티 살롱. 식기도 동글동글 귀엽다.

스칸센 야외박물관에서 먹은 갓 구운 빵을 잊을 수 없다. 또 먹고 싶어!

해가 저물어가는 스톡홀름의 저녁. 어디를 찍어도 다 그림이 된다.

스톡홀름의 지하철 아트 '세계에서 가장 긴 아트 갤러리'

스톡홀름의 지하철은 예술적 감각이 흘러넘치며 즐길 거리로 가득하다! 역 플랫폼에 그려진 역동적인 작품은 오락성이 강해서 마치 놀이동산에 온 기분이 들게 한다. 100개의 역 가운데 무려 90곳 이상의 역에 150명의 아티스트의 작품이 전시되어 총 110km에 달하는 '세계에서 가장 긴 아트 갤러리'라 불린다.

1970년대 이후에는 석회질 암반을 뚫어서 만든 역이 많기 때문에 생동감 넘치는 바위의 표면이 조명을 받아 압도적인 아름다움을 선사한다.

T-Centralen 역

Stadion 역

1990년대 이후에 만들어진 역은 메탈릭하고 모던한 분위기다.

Skarpnäck 역

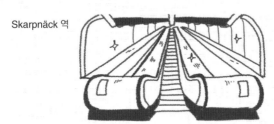

공공미술을 도입하여 지하철의 이미지 상승과 함께 많은 사람들이 일상적으로 예술을 접할 기회가 늘어나면서 아티스트들의 활동 영역도 넓어졌다. 정말 멋진 일이다. 미로 같은 어두운 이미지였던 지하철도 역마다 다른 개성이 생기면서 이용하는 즐거움은 물론 잘못 내리는 일도 줄 것 같다.

스웨덴에서는 병원에 아트를 적용하는 '호스피털 아트'도 활발하게 이루어져 디자인이 발달한 나라는 문화정책에도 힘을 기울이고 있다는 사실을 실감했다.

Chapter 03

덴마크
Denmark

Copenhagen

환율: 1덴마크 크로네(DKK)=약 174원(2019년 2월 기준)

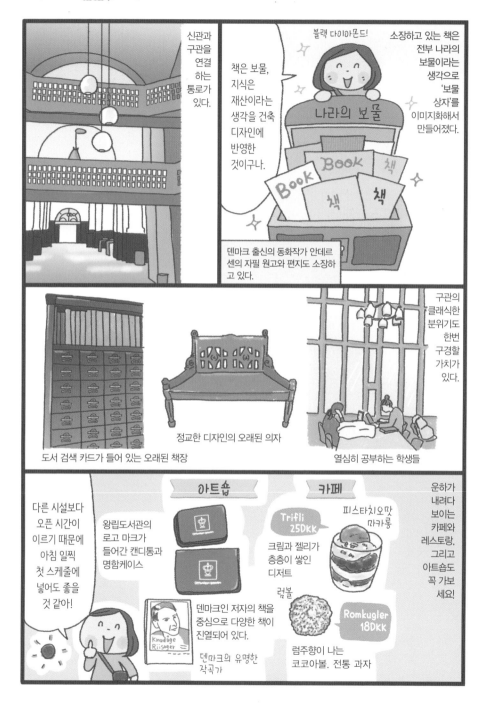

신관과 구관을 연결하는 통로가 있다.

책은 보물, 지식은 재산이라는 생각을 건축 디자인에 반영한 것이구나.

블랙 다이아몬드!

나라의 보물

Book Book 책
책 책

소장하고 있는 책은 전부 나라의 보물이라는 생각으로 '보물 상자'를 이미지화해서 만들어졌다.

덴마크 출신의 동화작가 안데르센의 자필 원고와 편지도 소장하고 있다.

구관의 클래식한 분위기도 한번 구경할 가치가 있다.

도서 검색 카드가 들어 있는 오래된 책장

정교한 디자인의 오래된 의자

열심히 공부하는 학생들

다른 시설보다 오픈 시간이 이르기 때문에 아침 일찍 첫 스케줄에 넣어도 좋을 것 같아!

아트숍

왕립도서관의 로고 마크가 들어간 캔디통과 명함케이스

Knudåge Riisager

덴마크인 저자의 책을 중심으로 다양한 책이 진열되어 있다.

덴마크의 유명한 작곡가

카페

Trifli 25Dkk

피스타치오맛 마카롱

크림과 젤리가 층층이 쌓인 디저트

럼볼

Romkugler 18Dkk

럼주향이 나는 코코아볼. 전통 과자

운하가 내려다 보이는 카페와 레스토랑. 그리고 아트숍도 꼭 가보세요!

아르네 야콥센이 디자인한
유명한 의자들

드롭 체어

여성을 위해 만들어진 의자.
2014년부터 재생산되어
인기를 끌고 있다.

물방울 모양이
너무 귀여워!

스완 체어로도
유명한 **에그 체어**

앉은
느낌
최고!

달걀과 같은 형태로 몸을 부드럽게 감싸
준다. 머리를 감싸주기 때문에 시끄러운
소음을 차단하는 효과도 있다.

개미!

앤트 체어

일명 '개미 의자'. 합판으로 등받이와
좌판이 하나로 이어지는 3차원 곡면
을 실현한 일체형 의자다. 당시에는
다리가 세 개였다고 한다.

등받이의
형태가
특징적

그랑프리 체어

인기&매출 No.1
세븐 체어

밀라노 트리엔날레에서 그랑프리를 수상하여
그랑프리 체어라 불리게 되었다.

전 세계적으로 700만 개 이상 판매된 스테디셀러.
앤트 체어의 후속작으로 탄생했다.

아르네 야콥센과 함께 덴마크의 근대가구
디자인을 대표하는 인물들

덴마크에는
이 외에도
기억해두면
좋은 인테리어
디자이너의
작품이
아주 많다!

No.45가
핀 율의
출세작이에요.

핀 율
(Finn Juhl)
1912 - 1989

치프테인 체어
덴마크 국왕이 앉았던 의자로
유명하다.

이지 체어 No.45
세계에서 가장 아름다운 팔걸이
를 가진 의자라 불린다.

Denmark

한스 웨그너
(Hans Jørgensen Wegner)
1914 - 2007

부드러운
라인이
아름다워!

Denmark

Y!

손에 닿는
감촉에서
장인의
손길이
느껴져.

CH-24 Y체어
등받이 모양이 Y자이며 세계적
으로 가장 많이 팔린 의자 중
하나다.

PP-501 더 체어
미국 대통령 선거 때 케네
디가 TV토론에서 사용해서
유명해졌다.

72

다른 3개국에서도
자주 볼 수 있어요.

덴마크의 유명한 조명 브랜드 '루이스 폴센'이에요.

Denmark

폴 헤닝센
(Poul Henningsen)
1894 - 1967

근대 조명의 아버지라 불리며 전 세계의
조명 디자인에 큰 영향을 주었다.

PH 시리즈는
이 외에도
아주 다양하다.

대표 상품

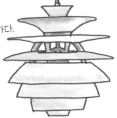

PH 스노볼
고급스럽고 독특한 아름다
운 빛을 발한다.

PH5
1958년에 발표된 명작
펜던트 조명이다.

아르네 야콥센의
디자인도 있어요.

플라워팟 램프

호텔에서
사용하기 위해
만든 디자인

AJ 테이블 램프
원하는 곳에 빛을 비출 수 있는
심플한 디자인이다.

베르너 팬톤
(Verner Panton)
1926 - 1998

크기가 다른 반구 두 개를 조합해서 만든
컬러풀한 조명. 소재는 에나멜이다.

로코코 양식

덴마크 디자인 박물관에 왔어요.

18세기에 병원으로 쓰이던 건물을 개조!

걸어서 갈 수 있어요!

덴마크 디자인 박물관
버스정류장
아말리엔보르 궁전
Bredgade
Kongens Nytorv ⊕ 왕립극장
Niels Juel sgade
Christians Brygge
● 덴마크 왕립도서관

MAP

버스 1A를 타고 Frederici-agade 역에서 하차한 후 도보 1분. 왕립도서관에서는 도보 20분 정도 걸려요. 디자이너와 작품명을 예습한 다음 덴마크의 유명한 인테리어와 가구를 한눈에 볼 수 있는 디자인 박물관으로 갑니다!

안으로 들어가면 거장들이 만든 의자가 한곳에 다 모여 있다! 북유럽 인테리어 잡지 안의 세계로 들어온 것 같아!

죽~

처음 앉아봤어! 다리가 세 개인데도 안정감이 있네.

현관에는 세 개의 다리로 유명한 한스 웨그너의 셸체어가 우리를 반겨준다.

멋있다~

베르너 팬톤 코너

팬톤의 대표작 팬톤 체어

아르네 야콥센 코너

수도꼭지
커틀러리
의자들

74

※인간공학이란 인간이 최대한 자연스러운 상태에서 사용할 수 있는 물건을 디자인하기 위한 학문이다.

21층 건물의 5성급 호텔. 높이 규제가 있는 코펜하겐에서는 높은 편이다.

로비만 견학했어요.

래디슨 블루 로열 호텔
Radisson Blu Royal Hotel

덴마크 최초의 고층 건축. 스칸디나비아항공 (SAS)의 호텔로 세워졌다. 가구에서 커틀러리 까지 야콥센이 디자인했다. 스완 체어, 에그 체어 등이 이 호텔을 위해서 디자인되었다.

606호 야콥센 스위트룸

숙박한 손님이 있어서 견학은 불가!

대리석 로비에 있는 아름다운 나선형 계단. 이 공간을 위해 디자인된 의자가 독보적인 존재감을 뽐낸다.

덴마크 국립은행
Denmarks Nationalbank

뱅커스 클락

야콥센의 마지막 작품. 노르웨이의 검은 대리석과 미러 글라스를 같이 사용했으며 국립은행에 걸맞게 중후한 건물이다. 세로로 들어간 슬릿이 특징적이다. 이 은행을 위해 만들어진 기능적이면서도 심플하고 세련된 시계에 주목!

위치
코펜하겐 중앙역에서 출발하는 경우 래디슨 블루 로열 호텔까지는 도보 5분.
덴마크 국립은행까지는 도보 20분. 버스를 타려면 중앙역 앞의 66번 버스를 타고 Holmens Kirke 역에서 하차 후 도보 1분.

토르브할렌 KBH

Frederiksborg gade

Nørreport Ⓜ

Nørrevoldgade

Nørreport Ⓜ   Irma

MAP

지하철 Nørreport역 에서 도보 2분

그래서 2012년에 문을 연 토르브할렌 KBH라는 실내형 마켓에 가보기로 했어요!

덴마크에 왔으니 덴마크 음식을 먹어 봐야지.

덴마크 음식을 맛볼 수 있는 음식점 코너!

지역 주민들

실내에는 신선 식품과 조미료 등을 판매하는 지역 사람들을 위한 코너!

신선식품과 조미료

덴마크 음식

두 개의 건물이 있고 중앙에 야외 마켓이 있어요.

검은색 틀에 유리를 많이 사용한 모던 하고 스타일 리시한 건물!

생선 가게

유리에 펜으로 그림을 그리다니 신선하다! 아이들 에게는 생선 도감?

예쁜 용기에 담겨 있어서 선물용으로도 좋을 듯!

오가닉 향신료 숍

ORGANIC SPICE SHOP

맛있어 보여~

정육점

참치로 만든 무스케이크 예요! 섬세한 미적 센스….

생선 가게에 케이크?

17.50

Tunmousse

프리카 델러* 를 팔고 있어!

양돈대국 덴마크의 신선 한 돼지고기가 진열되어 있다.

※프리카델러는 다진 돼지고기로 만든 햄버그스테이크로 덴마크의 전통적인 가정 요리다.

먼저 인테리어 박물관 같은 대형 쇼핑 시설 '일룸스 볼리거스'로!

그중에서도 아마게토르 광장 주변에 디자인을 좋아하는 사람이라면 꼭 들러야 할 상점들이 집중되어 있다. ♪

중심지로 돌아와 북유럽을 대표하는 쇼핑가 스트뢰에로!

약 1.7km에 걸친 유럽에서 가장 긴 보행자 천국이다.

세븐 체어 블랙과 핑크

덴마크의 오래된 가구 브랜드 프리츠 한센의 기념 모델 발견!

아르네 야콥센의 60주년 기념 모델

덴마크 제일의 인테리어숍

KONGELIG HOFLEVERANDØR

Illums Bolighus

4F	4F 디자인 가구
3F	3F 인테리어 카펫
2F	2F 목욕용품·패션
1F	1F 리빙·키친

잡화, 식기, 가구 등등 덴마크의 유명 브랜드부터 일본 미출시 제품까지 한 번에 볼 수 있는 파산 요주의 구역이야.

시계를 보니 벌써 두 시간이 지났다. 한나절은 있을 수 있을 것 같아…. 행복한 시간이었어요!

동물 조명! 좋은 꿈을 꿀 것 같아 ♪

반투명 시트
Zzzoolight

한 번도 본 적 없는 세련된 조명도 있다.

이것은 핀 율의 탄생 100주년을 맞아 수량 한정으로 재생산된 의자가 아닌가?!

5만 크로네에 가까워!

카이 보예센의 목제 원숭이 인형은 양 손발이 갈고리 모양으로 되어 있어 걸 수도 있다.

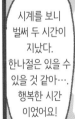

다음은 로열 코펜하겐으로 가요.

구입한 것

349.95 DKK
269.95DKK

촛대
쟁반

덴마크의 화가 비요른 비인브라드의 촛대와 쟁반

1775년 코펜하겐에서 왕실에 납품하는 도자기 제작소로 출발했다. 아트 디렉터 아놀드 크로그가 일본에서 영감을 얻었다고 한다.

해보고 싶어….

직접 페인팅을 할 수 있는 체험 프로그램도 운영 중이다.

선물로 좋은 귀여운 홍차를 89DKK에 구입했다.

러시아 여제 예카테리나 2세에게 보내는 선물로 1790년에 덴마크 국왕의 명으로 만들어진 '플로라다니카'.

로열 코펜하겐 Royal Copenhagen

Blue Fluted

사람의 손으로 만들기 때문에 자세히 보면 한 점 한 점 농도나 모양이 다른 재미가 있어요.

섬세하고 우아한 파란 선이 그려진 '블루플루티드'는 숙련된 장인이 직접 그린 것이다.

그 유명한 덴마크의 저가 잡화점 '타이거(우리나라와 일본에서는 '플라잉 타이거')'도 있어요!

스트뢰에(Strøget)

MAP

조지 젠슨

레고 스토어

일룸스 볼리거스

Illum

아마게토르 광장

로열 코펜하겐

타이거

Kattesundet
Sluttergade
Hysken Straede

레고 스토어 LEGO Store

쿠어어엉

깜짝

덴마크의 장난감 브랜드라 하면 레고! 입구에서 위를 올려다보면 커다란 공룡이 맞아준다.

아이들로 복적복적

컬러풀하고 귀여운 매장은 디스플레이도 보기 편하다. 가게라는 사실을 잊고 레고의 세계에 흠뻑 빠졌어.

뇌하운의 레고 제품

장인들이 사용하던 도구나 틀도 전시되어 있다.

대충 둘러볼 계획이 없었으나 아름다움에 감동!

조지 젠슨 Georg Jensen

두근 두근

특히 2층!

고급스러운 매장안으로 들어가기가 어색해서 잠시 망설였지만 '본점이기도 하고!' 하는 마음으로 들어갔다.

덴마크, 스웨덴 왕실 납품 업체. 보석류와 식기 등의 은제품을 취급하는 브랜드다.

창틀이 마치 액자 같아. 시원한 자연에 힐링되는 기분~!

몇 개의 파트로 나눠진 미술관 건물은 유리로 된 복도로 이어져 있다.

멋진 덴마크 디자인 제품이 한가득!

넓은 아트숍은 미술관에 간 김에 들르기보다 일부러 구입하러 오는 사람이 많은 것 같았다.

나뭇가지에 작품이 매달려 있다.

시끌

창이 커서 밝이 잘 보인다.

시끌

알록달록한 세븐 체어

시끌

아이들의 워크숍 교실이 열리는 방도 있다.

맛있어 보이는 스뫼레 브뢰드도 판매 중!

유리로 된 밝고 개방적인 카페에서 편안하게 쉬는 것도 좋을 것 같아.

큰 버섯(포토벨로 버섯)

스모크 비프

맛있겠다….

루이 지애나 현대 미술관의 미네랄 워터와 포스터도 있다.

LOUISIANA 23·6·7 2014

HILMA AF KLINT

바다가 보이는
넓은 정원을
예술작품을
감상하면서
천천히 산책했다.
아름다운
외레순 해협의
건너편에는
스웨덴이
보인다.

정원에는
움직이는
조각
'모빌'의
창시자
알렉산더
칼더의
작품이
있다.

우아하게 ♪

일상적으로
미술관에
다니며
휴일을
즐기는 것
같았다.

아트숍과 카페,
정원으로
뿔뿔이 흩어져
각자 원하는
공간으로
간 것.

먼저
전시를 봐야
되는 거
아냐?

인상적이었던
것은 오픈 전에
줄을 서 있던
사람들이

화~금
요일은
22시
까지
개관

최고의
휴일이야!

시끌벅적한
거리에서
벗어나
느긋하게
보내는 하루!

83

토르브할렌의 오픈 샌드위치가 일품이다. 줄을 선 보람이 있었다!

래디슨 블루 로열 호텔에 들어서면 야콥센의 의자가 반갑게 맞아준다.

루이지애나 현대미술관의 작품은 창밖으로 보이는 풍경과 같이 잘 어우러지도록 배치되어 더 아름답다.

스트뢰에에 있는 아마게토르 광장. 거리는 공연을 하는 사람들로 북적인다.

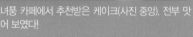

소녀풍 카페에서 추천받은 케이크(사진 중앙). 전부 맛있어 보였다!

북유럽 디자인을 다 모아둔 일룸스 볼리거스는 꼭 들러봐야 할 곳이다.

덴마크의 소녀풍 카페

덴마크에서 본 소녀풍 카페. 예쁘게 장식된 디저트와 우아한 식기가 정말 귀엽다. 금방이라도 마음을 빼앗길 것 같은 아기자기하고 귀여운 세계가 펼쳐진다.

먼저 스트뢰에의 복잡한 광장에서 조금 떨어진 '콘디토리 앙투아네트'라는 케이크숍에 갔다. 가게 이름은 제과점 앙투아네트라는 의미로 케이크와 가게 분위기도 18세기 프랑스의 왕비 마리 앙투아네트가 떠오르는 로코코 양식이다. 이런 우아하고 아름다운 가게에 매력적인 케이크가 쭉 진열되어 있다. 추천 케이크는 솔트 캐러멜 초콜릿 케이크다. 초콜릿 스펀지 사이에 발린 패션프루트 잼의 달콤하고 산뜻한 산미와 진한 초코 캐러멜의 달콤함, 그리고 짭조름한 맛이 어우러져 난생 처음 경험하는 맛이었다. 보기에도 너무 예뻐서 감동적! 덴마크의 전통요리인 스뫼레브뢰드, 데니쉬와 페이스트리도 맛있다고 한다.

다음은 로열 코펜하겐 본점의 안뜰에 위치한 '로열 스무시 카페'다. 화이트, 핑크, 골드의 조합으로 이루어지 매장 안은 우아하고 소녀 같은 분위기다. 로열 코펜하겐의 식기로 먹을 수 있는 것도 너무 좋다.♪ 대표 메뉴는 가게 이름에도 쓰인 '스무시'다. 초밥을 이미지화해서 만든 덴마크의 전통요리 스뫼레브뢰드(오픈 샌드위치)로 세 개 세트에 138DKK. 아주 귀여운 오픈 샌드위치가 초밥처럼 놓여 있다. 덴마크와 일본의 조합이 독특한 요리다.

Info.

콘디토리 앙투아네트 Konditori Antoinette
Østergade 24 b2 1100 København K
지하철 콘겐스 뉘토르브(KONGENS NYTORV) 역에서 도보 3분 거리.

로열 스무시 카페 The Royal Smushi Cafe
Amagertorv 6, Copenhagen K
지하철 콘겐스 뉘토르브 역에서 도보 7분 거리.

Chapter 04

노르웨이
Norway

Oslo

환율: 1노르웨이 크로네(NOK)=약 137원(2019년 2월 기준)

위치는 오슬로 중앙역에서 도보 5분 거리.

MAP

오슬로 중앙역

오슬로 오페라하우스

빙산

노르웨이의 수도 오슬로에 빙산을 떠올리게 하는 건축물이 있어요!

노르웨이는 피오르가 유명한 나라다.

100만 년 전에는 빙하로 덮여 있었다고 해요.

설계는 노르웨이의 인기 건축가 그룹 스노헤타가 맡았다. 오슬로와 뉴욕에 거점을 둔 건축사무소야.

2008년 문을 연 오슬로의 랜드마크

스노헤타는 이집트의 '알렉산드리아 도서관'과 뉴욕 그라운드 제로의 '911 추모 박물관' 설계에 참여했어요.

오슬로 오페라하우스
Oslo Opera House

환상적인 빛과 럭셔리한 벽! 디자인은 올라프 엘리아손.※

불균형한 나무 벽면…

창문으로 들어오는 빛이 아름답다.

오페라 하우스 안으로 들어가 봐요!

건물 가이드 투어도 있어요.

100NOK으로 1시간 정도

내부도 멋있어. ♡

건물 안 레스토랑에서 바다를 바라보며 식사를 할 수 있다.

아트숍에는 오페라와 발레를 모티브로 한 제품이 진열되어 있다.

발레 토슈즈

포장지

튀튀

머그컵

일본인 여성이 수석 무용수로 이곳에서 활약하고 있어요.

황홀

국립 오페라 발레단의 가극장으로 세워진 곳인 만큼 여기서 발레를 보는 것도 좋을 것 같아!

외관부터 내장까지 전부 신경 쓴 디자인에 감동하고 또 감동했어요.

가극장이라고 하면 전통적인 건축이라는 이미지가 있었는데 역시 디자인 선진국 노르웨이의 오페라하우스는 달라!

※덴마크 코펜하겐에서 태어난 아이슬란드의 현대미술 작가.
색과 빛을 테마로 인간의 지각에 대해 고찰하는 작품으로 유명하다.

그뤼네뢰카 지구는 젊은 디자이너와 아티스트가 모여 있는 세련된 지역이야.

ZOOM UP

DogA

Hausmanns gate
Ankebrua
Toragate
Osterhaus
gate
Styke gate

MAP

DogA

Akerselva
Hausmanns gate
Storgate
Fred. Olsensgate
Nylandsveien

오슬로 중앙역

오페라하우스를 구경한 다음에 그뤼네뢰카 지구에 있는 노르웨이 디자인&건축 센터 '도가(DogA)'에 갔다. ♪

길을 가다 문득 들어가보고 싶은 잡화점과 예쁜 카페가 굉장히 많은 곳이다.

도보 20분 정도 거리.

디자인숍과 오가닉 카페도 있다고 해서 잔뜩 기대돼!

노르웨이 최신 디자인의 발신지이자 이벤트와 전시가 활발하게 열리는 곳이다.

도가는 노르웨이의 디자인 · 건축 관련 단체가 설립한 복합시설이지.

'태양 충전 라이트'
언제 어디서든 사용할 수 있는 라이트. 개발도상국에서 생활하는, 빛이 부족한 곳의 사람들을 위해 만들어졌다.

'사과주스의 포장지'
장애인이나 직업훈련이 필요한 젊은이를 고용해 만든 것으로, 포장지를 뜯으면 안쪽에 그 이야기가 적혀 있다. 오슬로산 사과로 만든 무첨가 주스다.

내가 방문했을 때는 젊은 크리에이터를 대상으로 한 우수 디자인상 전시회가 있었어.

랜턴 스타일

세련된 사과주스가 눈길을 끌었다!

미대생인가?
여기는 입장도 무료이고 자극이 되네!

인상 깊었던 작품은…

91

이곳은 대규모 디자인 전시회나 이벤트가 비정기적으로 열리는 곳이다.

이 넓은 공간은?!

어?

벽돌로 된 벽이 멋져.

사전에 웹사이트에서 확인할 수 있다.

SHOP

노르웨이의 건축과 디자인 등을 모은 아름다운 사진집이 쭉 진열되어 있다.

아트숍은 아담하지만 노르웨이 관련 디자인 책이 아주 많다. 문구와 잡화도 판매한다.

'캐서린홀름'의 로터스 시리즈. 1950~70년대에 생산되어 지금까지 인기가 많은 빈티지 재생산 제품이다.

NORWEGIAN CLASSICS

노르웨이 클래식 디자인의 다양한 가구가 그려진 손수건과 컵이다.

이 제품은 이곳에서만 팔았는데 더 사왔으면 좋았을걸.

후회

한스 브라트루드의 라운지 체어가 그려진 컵을 249NOK에 구입했다.

실내 시장 안에는 약 30개의 가게가 있어.

삼각형 지붕이 귀엽다.

Mathallen Oslo

마탈렌 오슬로

Maridalsveien

Møllereien

도가에서 도보 8분

Hausmanns gate

도가 (DogA)

MAP

도가와 마찬가지로 그뤼네뢰카 지구에 위치한 노르웨이 최대의 음식 백화점 마탈렌 오슬로로 출발!

맛집을 좋아하는 사람이라면 꼭 들러야할 스폿

신선한 식재료를 판매하는 가게뿐만 아니라 안에서 먹을 수 있도록 한 숍, 커피원두와 과자를 판매하는 가게 등등 둘러만 봐도 기분이 좋아지는 곳이 많다!

RÅNE350

연어

올리브

살라미&햄

내부도 예뻐!

아이들을 대상으로 한 요리교실

메밀면, 우동면도 발견!

로포텐 제도의 명물 대구

'덴 블린데 쿠'라는, 해적 소가 트레이드 마크인 가게다.

Den blinde Ku

바로 치즈 가게를 발견!

Den blinde ku

이건 먹어야 해!

캐러멜 같은 맛
브라운 치즈

노르웨이에는 브라운 치즈라 불리는, 염소젖으로 만든 치즈가 있다. 일본에서는 좀처럼 보기 힘든 치즈다.

치즈 정말 좋아♡

치즈 슬라이서

95

일본에서도 많이 사용하고 있는 밸런스 체어

노르웨이의 유명한 밸런스 체어! 노르웨이 사람들은 아이디어가 정말 다양해~

페터 옵스빅의 디자인
Peter Opsvik 1939~

강력한 첫인상!!

Terje Ekstrom 1944-2013

이것은 테리에 엑스트롬이 디자인한 '엑스트롬' 이지 체어!

어떻게 앉아도 되는 참신한 디자인이다.

복고풍의 귀여운 디자인 식기가 아주 매력적이다. 소박하고 목가적인 무늬가 특징이다.

FIGGJO NORWAY

과일이 들어간 디자인으로 밝은 분위기의 '코르시카'

식탁 위에서 자주 볼 수 있는 음식을 팝적으로 표현한 '알라카르트' 시리즈

그중에서도 내 관심을 끈 것은 1941년에 만들어진 유명 도자기 브랜드 '피기오 (Figgjo)'였어.

대담한 꽃무늬가 사용하는 사람의 기분을 밝게 만들어주는 '안네마리'

독특한 색으로 구성된 직물에 흠뻑 빠졌다.

12세기에 이런 것이 만들어졌구나.

태피스트리는 예전부터 그림으로 인식되어 금은 다음으로 가치가 있었다고 한다.

발디솔 태피스트리

노르웨이의 '태피스트리' 코너에서는 더 흥분했다!

중세 초기의 태피스트리 가운데 유일하게 현존하는 이 작품은 꼭 봐야 해요!

즐거운 쇼핑!

아트숍은 수공예 박물관인 만큼 뛰어난 작가들이 만든, 하나밖에 없는 핸드메이드 작품이 판매되고 있다.

패션 코너에서는 왕족의 의상을 감상했어.

노르웨이 왕녀의 전통의상

로코코, 바로크 양식의 화려한 드레스

구입한 것

마음을 사로잡는 아이템

틀림없이 여자들이 좋아할 거야! 너무 귀여워!

599NOK

파이핑 디자인이 귀여운 가죽장갑

다이아몬드 모양

475NOK

수지가공(樹脂加工)한 목걸이

옷, 핸드백, 스톨, 그리고 개성 넘치는 액세서리가 가득!

스톨

옷

목걸이

핸드백

귀걸이

일요일은 입장 무료~

노르웨이 디자인의 높은 수준을 실감 했어요!

흐뭇 흐뭇

현대 작가들의 핸드 메이드 제품에서 그들의 센스에 감탄하고

시대별 노르웨이 수공예 역사를 배웠어요

98

시청사까지는 오슬로 중앙역에서 도보 12분 정도 걸린다. 12번 트램을 타고 Rådhus plassen 역에서 하차한 후 도보 5분 거리다.

MAP

Olavs gate

오슬로 시청사

Henrik Ibsens gate

Rådhus plassen

Rådhusplassen 역

스웨덴과 노르웨이 양국의 화해와 평화를 기원하며 '평화상'의 수상은 매년 12월 10일에 노르웨이 오슬로 시청사에서 열려요.

Norway

노벨평화상만 노르웨이에서 수상식이 개최된다는 사실을 아나요?

노벨상 하면 스웨덴이 떠오르지만

Sweden

높이 66m와 63m의 두 개의 탑으로 이루어진 건물. 동쪽의 탑에는 38개의 종이 있어서 오슬로 거리에 시간을 알려준다.

오슬로 시청사에 도착! 차분한 벽돌색 외관 때문에 대학 같아 보이기도 한다.

다른 나라에서도 이런 문은 못 봤어….

노르웨이적?

입구의 중후한 목제 문에는 아름답게 조각된 바이킹 같은 병사와 용이 있다!

오슬로시 창립 900주년을 기념해서 세워졌어요.

제2차 세계대전으로 5년간 공사가 중단되었지만 오슬로시 창립 900년 후인 1950년에 완공되었다.

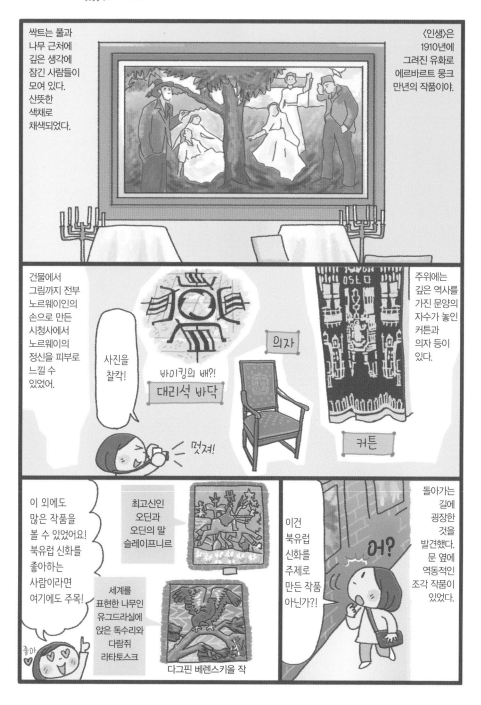

싹트는 풀과 나무 근처에 깊은 생각에 잠긴 사람들이 모여 있다. 산뜻한 색채로 채색되었다.

〈인생〉은 1910년에 그려진 유화로 에르바르트 뭉크 만년의 작품이야.

건물에서 그림까지 전부 노르웨이인의 손으로 만든 시청사에서 노르웨이의 정신을 피부로 느낄 수 있었어.

사진을 찰칵!

바이킹의 배?!
대리석 바닥

의자

멋져!

주위에는 깊은 역사를 가진 문양의 자수가 놓인 커튼과 의자 등이 있다.

커튼

이 외에도 많은 작품을 볼 수 있었어요! 북유럽 신화를 좋아하는 사람이라면 여기에도 주목!

좋아

최고신인 오딘과 오딘의 말 슬레이프니르

세계를 표현한 나무인 유그드라실에 앉은 독수리와 다람쥐 라타토스크

다그핀 베렌스키올 작

이건 북유럽 신화를 주제로 만든 작품 아닌가?!

어?

돌아가는 길에 굉장한 것을 발견했다. 문 옆에 역동적인 조각 작품이 있었다.

빛을 사용한 설치 미술 등 보여주는 방식에 굉장히 신경을 썼다는 느낌이 들었다.

벽지의 모양이 수상자들의 얼굴!

노벨평화센터

노벨평화상의 역사와 수상자의 공적에 관한 자료를 통해 평화에 대해 생각해보게 하는 기념관이다.

카페 알프레드/Cafe Alfred

알프레드 노벨의 이름을 딴 센터 내부의 카페. 내부를 초록색으로 통일한 것은 녹색이 평화를 상징해서일까?

완두콩 수프
95NOK

건물은 1872년부터 1989년까지 사용된 옛 오슬로 서역이다.

'오늘의 수프'를 주문했다. 완두콩을 그대로 믹서에 간 것 같은 진하고 풍부한 맛이다.

달라이 라마 수상자의 얼굴이 들어간 포장지! 29NOK

수상자에게 수여하는 메달과 같은 모양의 초콜릿이며 12NOK이다.

그랜드 호텔

스위트룸은 눈이 휘둥그레질 가격이지만 방별로 가격이 천차만별이기 때문에 나도 묵을 수 있는 방이 있었다(1박에 2000NOK 정도). 침대는 지금까지 묵었던 호텔 가운데 가장 좋은 느낌! 수영장도 이용하면서 럭셔리한 기분을 한껏 즐겼다.♡

노벨평화상 수상자들이 묵는 오슬로의 전통 있는 5성급 호텔 '그랜드 호텔'은 1874년에 문을 연 이후 수많은 유명인과 정치인들에게 사랑받아온 곳이다.

오슬로에서 가장 맛있는 조식이 나온다는 인기 뷔페가 있다. 연어, 청어, 치즈, 노르웨이 와플 등 다 먹을 수 없을 정도로 많은 종류가 나와서 대만족!

역사가 느껴지는 아름다움

아케르 브뤼게/AKER BRYGGE

항만의 창고 지역을 재개발한 아케르 브뤼게. 멋진 레스토랑과 쇼핑 센터가 늘어선 이곳은 지역 사람들과 관광객으로 늘 활기차다.

디 에스 루이즈(D/S Louise)

내부를 증기선처럼 꾸몄으며, 신선한 해산물로 유명한 레스토랑이다. 점내에는 리얼한 배의 모형과 조타 핸들, 닻, 로프 등의 부품이 장식되어 있어서 분위기에 흠뻑 취한다.

인터넷으로 예약했어요.

노르웨이의 맛을 충분히 즐길 수 있는 노르웨이 요리 레스토랑에 갔어요!

귀국 전날, 여행의 마지막 디너!

도쿄?

이완 맥그리거와 닮은 친절한 남자 직원!

백곰 박제

세련된 인테리어

굴 두 개에 108NOK, 탱탱한 굴에 레몬즙을 뿌린 신선하고 맛있는 굴 요리를 먹었다. 우아한 맛의 단 식초 소스는 내 취향이 아니었지만…(간장 아니면 레몬 소스가 더 맛있지 않을까?!)

노르웨이산 치즈를 사용한 진한 치즈 케이크는 한입만 먹어도 행복해졌다. ♪

유기농 연어, 245NOK. 마침 노르웨이 연어가 먹고 싶었는데 메뉴를 펼쳤더니 유기농 연어라는 글씨를 발견! 연어 본래의 단맛과 살살 녹는 부드러움이 일품인 요리였다.

빵을 곁들임

버너에서 구운 요리로 후춧가루가 포인트

치커리 딥소스

꼬투리째 먹는 청대 완두

홀란데이즈 소스(달걀과 버터를 유화시킨 크리미한 소스)

돌아가는 길에 바닷바람을 맞으며 항구를 산책! ♪ 오슬로의 피오르가 보이는 풍경을 감상하면서 최고의 한때를 보냈어요.

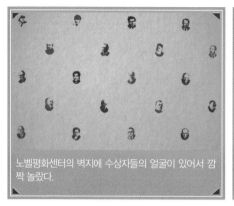

노벨평화센터의 벽지에 수상자들의 얼굴이 있어서 깜짝 놀랐다.

도가에서 먹은 오가닉 런치 플레이트는 플레이팅 센스가 일품!

노벨평화상 수상자들이 묵는 그랜드 호텔. 중후한 매력을 과시한다.

여심을 사로잡는 수공예박물관의 아트숍! 한번 가볼 가치가 있다.

마지막 밤, 루이즈에서 먹은 노르웨이산 유기농 연어 요리다.

오슬로 시청사는 메인 홀 이외의 공간에도 빠짐없이 그림이 전시되어 있다.

독특한 목조 건물 '스타브 교회'

스타브 교회는 〈겨울왕국〉에 등장하는 얼음 궁전의 모델이 되었다고 알려진, 노르웨이에서 가장 오래된 목조 교회다. 개성이 넘치는 이 교회에는 비늘 모양의 지붕 양쪽 끝에 하늘을 향하고 있는 용의 머리가 장식되어 있다. 바이킹 시대의 영향이라고 여겨지는 이 용의 머리가 마귀를 쫓는다고 한다. 못과 나사를 사용하지 않는 독자적인 건축양식으로 만들어졌다.

스타브 교회는 비그도이 지구에 있는 노르웨이 최대의 야외박물관 '노르웨이 민속박물관'에 있다. 13세기에는 노르웨이 국내에 100채에 가까운 목조 교회가 있었지만 지금은 30채 정도밖에 남아 있지 않을뿐더러 전부 가기 불편한 위치에 있기 때문에 스타브 교회는 여행자들에게 아주 귀중한 곳이다.

직접 가서 교회를 본 나는 압도되는 느낌이 들어 몸이 떨렸다. 세부적인 구조나 조각 장식은 바이킹의 기술을 방불케 하는 원시적인 아름다움을 뽐낸다. 교회 안으로 들어가면 정면에는 제단이 있고 그 주위에는 예수와 꽃 그림이 한 면을 장식하고 있어서 환상적인 분위기를 연출한다.

아름답다….

스타브 교회와 묶어서 같이 가보면 좋을 곳이 있다. 노르웨이 민속박물관에서 도보 5분 정도 거리에 있는 바이킹 박물관이다. 800년대와 900년대에 사용되던 배를 볼 수 있다. 1000년도 전에 만들어진 배가 맞는지 의심스러울 정도로 아름다운 곡선미와 배의 목제 장식품에 마음을 빼앗겼다.

▶▶▶ ◀▶▶ ▶▶▶ ▶▶ ▶▶ ◀▶▶ ▶▶▶ ▶ ▶▶ ◀▶▶ ▶▶▶ ▶▶▶ ◀▶▶ ▶▶ ▶▶ ▶▶

Info. **노르웨이 민속박물관** Norsk Folkemuseum
오슬로 중앙역 앞의 버스정류장 Jernbanetorget 역에서 비그도이 지구행 30번 버스를 타고 20분 정도 간 후 Folkemuseet 역에서 하차. 바이킹 박물관은 같은 30번 버스를 타고 Vikingskipene 역에서 하차.
※오슬로 시청사 앞 광장에서 비그도이 지구까지는 페리도 운행하기 때문에(승선 시간은 10분 정도) 미니 크루즈 여행의 기분을 즐기는 것도 좋을 것 같다.

Chapter 05

라플란드
Lapland

환율: 1스웨덴 크로나(SEK)=약 126원(2019년 2월 기준)

사미족을 아세요?

Sápmi

이 지역을 라플란드라고 불러요.

사미족이 사는 지역

북극권

러시아

핀란드

노르웨이 스웨덴

오래전부터 북극권에서 살았던 원주민으로 지금도 왼쪽의 4개국에서 살고 있다.

지금은 대부분의 사미족이 한곳에 머무르며 생활하고 있다.

원래 순록을 기르며 이동식천막인 '코타'에서 살면서 계절마다 이동하는 유목 생활을 했지만

언젠가 북극권에 가서 사미족의 문화를 경험해보고 싶다고 생각하던 차에…

이런 생활을 통해 독자적인 문화가 형성되었다. 나는 그중에서도 사미족의 아름다운 전통 민족의상과 공예품에 관심을 가지게 되었다.

자작나무로 만든 '쿡사'라는 컵

'콜트'라 불리는 화사한 색의 아름다운 전통의상

4000년이 넘는 오랜 시간 동안 북극권의 마이너스 30도나 되는 엄혹한 대자연 속에서 생활해온 늠름한 모습이 존경스럽기까지 하다.

손으로 정교하게 만든 수공예품에 마음을 빼앗겼다. 실버 액세서리도 예뻐!

눈 속에서 피어난 꽃 같이 선명한 색!

앞에서 민족 전통의상을 입은 여성이 걸어왔다!

반짝 반짝

Thank you! 고마워요.

How beautiful! 너무 예뻐요.

반짝 반짝

진짜 사미족을 만났다!

감동

오히려 너무 친절 하게 웃어줘서 기뻤다!

사진을 찍을 수 있었다.

방해하면 안 된다고 생각 했는데

마켓 안 산책은 계속 된다!

다양한 무늬의 전통의상을 입은 사미족이 너무 멋져 보였다!

이 외 에도 심플한 테이프 장식이 들어간 …

여기예요.

그럼 진짜 사람이 사는 집이구나!

이곳에 사는 분이 집을 제공하기 위해 잠시 다른 장소에 가 있어요.

민가 스타일 숙박시설 인가?

오늘밤 머물 곳은 미리 히토미 씨에게 예약을 부탁한 근처 마을의 민가다.

벽지가 귀여워!

내가 묵은 방은 이런 분위기 예요.

굉장히 넓고 개방적인 거실

난방

아이 방에는 드래곤볼과 같은 일본 만화도!

방 네 개에 거실, 식당, 부엌까지

스노부츠를 신을 때 편리

현관에는 겉옷을 걸 수 있는 옷걸이가 있다.

야생적이고 강렬한 맛 양고기 특유의 향을 싫어하는 사람은 먹기 힘들지도 모른다. 고기 위에 올린 향기로운 꾀꼬리버섯과 베리의 신맛이 포인트인 요리다.

매시드 포테이토

방을 구경한 후 근처 호텔에서 모두 함께 저녁 식사를 했어요.♪ 이날 저녁은 순록 스테이크!

스웨덴은 캔들 소비량이 굉장히 높은 수준

간접 조명을 잘 활용해서 편안한 공간을 만들었어요.

많이 달지 않은 담백한 맛

클라우드베리 소스

디저트는 이 지역의 명물 클라우드베리로 만든 잼이 올라간 요구르트였어요.

조금 어두운 거 같아.

조금 더 밝지 않으면 책 읽기가 힘들 것 같아.

그런데 이 방이 내 방이라고 생각하면

121

참가자 모두 함께 인솔자 사미족 언니의 안내에 따라 천막으로 들어갔다.

히토미 씨도 함께

이 투어는 사미족의 천막에서 전통적인 향토요리를 먹고 순록을 보러 가는 코스다.

요크모크 윈터마켓 둘째 날 아침

윈터마켓에서 조금 떨어진 곳으로 이동

사미족의 문화를 체험하는 투어에 참가 했다.

불을 피우면 연기가 위로 빠져 나가는 구조네.

기성품 텐트의 원형이 된 천막 이구나.

자작나무를 사용하여 세운 사미족 천막!

빵을 만들기 시작 해요.

데굴

데굴

그대로 잠들 뻔했다…!

순록 털가죽이 폭신폭신, 기분 좋아!

철판에 올리고 구워지기를 기다린다.

꾹 꾹

봉으로 평평하게 만들어서 포크로 골고루 찔러주면 완성!

부들 부들

바닥에는 순록의 털가죽을 깔아놓았다.

122

잠시 사진 촬영 시간!

여기서 만난다면 정말 반가울 것 같아.

주인공인 사미족 소녀가 보기 드문 하얀 순록을 생일선물로 받는 장면이다.

이렇게 예쁜 순록은 처음 봐!

가장 좋아하는 그림책 《눈과 순록의 노래》※가 떠올랐다.

순록이 있어!!

까 까

나에게는 '여행에서 만난 귀여운 동물' 같은 느낌 이지만

사미족 언니가 순록에 대해서 이야기 할 때의 표정에서 순록에 대한 깊은 애정이 보였다.

Reindeer is very calm and friendly! 순록은 온화하고 사람들과 친해요.

출발!

순록의 목줄을 잡고 걸어요.

순록의 어떤 부위도 버리지 않고 소중하게 사용하고 있다.

그렇기 때문에 사미족은 순록에게 경의를 가지고

대자연 속에서 함께 살아가는 '단순한 동물' 이상의 존재다.

사미족에게 순록은 선조 대대로 의식주를 책임지는 생활의 양식이자 일가의 재산으로

※《눈과 순록의 노래》(보딜 하그브링크)는 라플란드의 엄혹한 자연 속에서 순록과 함께 살아가는 사미족의 생활을 그린 그림책이다.

엄혹한 자연환경 속에서 오랜 시간 살아온 사미족의 역사와 문화를 소개하는 박물관이다.

여기는 투어가 아니라 개인적으로 왔어요.

요크모크 윈터마켓의 마지막 코스로 사미족의 박물관에 갔다!

사미족 박물관 '아이테(Ájtte)'는 '산의 박물관'이란 의미다.

선명한 색의 전통의상

사는 지역과 결혼 여부도 옷으로 알 수 있다고 한다.

지역별로 전시되어 있다.

생활 도구 등

산의 생태계와 사미족의 생활의 변화

산에 살던 동물

전시용 썰매

옛날에는 이런 느낌이었구나!

티롤리안 테이프와 같은 자수가 놓인 끈도 독자적인 디자인이다.

귀여운 디자인의 끈

전시용이라고 생각했던 여자아이가 진짜 사람이라 깜짝 놀랐다.

움직인다!

휙

전부 섬세하고 정성스럽게 만든 감성적인 디자인이 감동적이다.

꼭 몸에 지니고 있는 주석 액세서리

샤먼(주술사-옮긴이)은 사미족의 종교에서 없어서는 안 될 존재다.

사미족은 정령신앙을 가지고 자연이 만든 재해나 은혜가 정령의 힘에 의한 것으로 믿고 있다.

샤먼이 사용하는 북

요이크※를 부르면서 북을 두드리면 정령과 대화를 할 수 있다고 한다.

요이크에 대한 설명은 페이지 아래에서

이번에 요크모크 윈터마켓에서 구입한 것은…

지역별로 사미족의 전통의상을 소개한 책

Samebåtarbi Sverige

210SEK

아트숍에서 구입한 책

사미족의 전통적인 생활을 소개한 책

The Sami People of the Sun and Wind

80SEK

사미족의 수공예품을 모은 사진집

40SEK

이것도 하나의 북유럽 디자인!

조금 유행에 뒤처진 것 같은 느낌도 있을 것 같은데 전혀 그렇지 않아!

순록 가죽에 주석으로 자수를 새기고 순록 뿔을 버튼에 단 팔찌

주석 팔찌

230SEK

순록 융단

1인용 190SEK

실제로 사용해 보니 굉장히 따뜻하고 통기성도 좋아서 놀랄 정도로 사용감이 좋았어요!

민족의 정체성 그 자체일지도 모른다.

4000년이란 긴 역사를 가지고 독자적인 문화를 키워온 사미족의 수공예는

질, 디자인에 따라 가격은 다 다르지만 이 윈터마켓에서 가장 저렴한 제품!

사미족의 생활을 그린 엽서

5SEK

순록 가죽에 각인을 새긴 것. 북 무늬와 엘크 무늬가 있다.

20SEK

키홀더

순록 가죽의 숄더백. 한눈에 반했다. ♡

1500SEK

숄더백

※요이크는 사미족에게 전해져 내려오는 전통적인 가창법, 혹은 그 노래를 말한다.
영화 <겨울왕국>의 오프닝곡에도 요이크가 사용되었다.

나는 초심자용 한 시간 코스로 아비스코 강까지 가기로 했다.

아비스코
출발 지점
Abisko jaure

관광객은 대부분 이 코스

Alesjaure

440km는 걷는 데 보통 1주일 정도 걸린다.

최고봉
케브네카이세

Singi

총 440km의 트레킹 코스는 여러 가지 루트 가운데 난이도, 시간 등에 따라 선택 가능하다.

북극권의 자연을 오감으로 체험하고 싶었다! 그래서 '왕의 길'로 불리는 세계적으로도 유명한 트레킹 코스에 갔다.

쿵스레덴
Kungs leden

스웨덴 사람들에게 인기

요크모크에서 버스와 전철을 타고 다섯 시간 반을 가서 아비스코에 도착했다.

와와

발자국이 찍힌 곳에 발을 넣으면서 걸었다.

익숙하지 않아 발이 엉키면서도 화살표와 누군가의 발자국을 따라서 한 시간 반 정도 걸으니…

쿵스레덴 사진에서 항상 볼 수 있는 입장 게이트!

KUNGSLEDEN

근처 호텔에서 스노슈즈를 빌렸다.

아비스코 국립공원에 있는 출발 지점 게이트로 갔다.

나는 혼자 왔지만 다양한 투어도 준비되어 있어서 스키나 얼어붙은 폭포에서 하는 아이스 클라이밍도 즐길 수 있다.♪

호텔에서 예약하세요. 여름과 가을도 강추!

황량한 북유럽의 역동적인 자연을 직접 볼 수 있었다.

아주 먼 옛날부터 몇 겹이나 쌓여서 만들어진 바위의 표면, 내려서 쌓이는 북극권의 눈…

128

다이브!!

떨어진 체온을 회복하려고 몸의 신진 대사가 활발해진 건가?

신기하게도 몸이 따뜻해졌다.

그런데, 어?

사우나로 도망감

침봉에 온몸이 찔린 것처럼 아파!!

추워, 추워!!

추워, 추워!!

상쾌한 기분! 개운해요!

굿!

피부가 매끈매끈

북유럽에는 얼어붙은 호수에 구멍을 뚫어 냉수와 사우나에 교대로 들어가는 건강법이 있다고 해요.

후끈 후끈

타월 한 장만 감고 눈 속으로 다이빙을 한다는 건 절대 무리라고 생각했는데 익숙해지면 계속할지도 몰라…

131

작업은 봄부터 시작되어※ 11월부터 건설 시작, 12월부터 4월까지 운영하고 있다.

아이스호텔은 바닥과 벽은 물론 침대와 테이블까지 전부 얼음과 눈으로 만들어진 호텔이야.

Abisko

Kiruna

ICE HOTEL

아비스코에서 전철로 한 시간 30분. 키루나라는 마을의 교외에 세계 최초이자 최대의 얼음 호텔인 '아이스호텔'이 있다.

MAP

501번 버스

아이스 호텔

kiruna busstation 키루나 버스정류장

Jukkasjärvi 유카스야르비

501번 버스를 타고 45분 정도 가서 하차한 후 14분 정도 걸으면 아이스호텔이다.

입장료는 325SEK

숙박은 1인 3~11만 엔

물론 숙박도 가능하지만 나는 견학만 하기로 했다.

버스에서 내리면 간판이 보여요. 버스표는 왕복으로 구입하면 더 저렴해요.

호텔 안은

문은 순록의 털가죽과 순록 뿔로 된 손잡이

먼저 숍에서 입장권 스티커를 구입하고 아이스호텔로!

〈겨울왕국〉과 안데르센의 동화 《눈의 여왕》에 나오는 성 같아!

천장에 매달려 있는 얼음 샹들리에! 기둥도 자연광을 받아서 반짝반짝 빛나!

두근 두근

전부 얼음이다!

입구에서 스티커를 보여주고

※3~4월에는 근처의 토르네 강에서 끌어올린 물을 건설용 자재로 냉장고에 보관한다.

※아이스호텔의 디자이너는 공모로 선발되며 매년 다른 디자이너의 방이 만들어진다.

순록고기 스테이크에서는 특유의 냄새가 심하게 났다. 잘 못 먹는 사람에게는 잘게 썰어서 크림소스로 익힌 요리를 추천한다.

엉덩이가 조금 아팠지만 활기차게 움직이는 개들에게 힘을 얻었다.

쿵스레덴의 출발 지점 게이트. 가루 같은 눈 위를 걸으면 사각사각!

모양에 두께까지…. 직접 만든 못생긴 빵을 보고 잠시 슬펐지만 맛은 최고!♪

아이스호텔의 교회. 마치 동화의 나라에 빨려 들어온 듯하다.

순록들 사이에서 하얀 순록을 발견했다(사진 중앙). 성스럽게 보였다.

요크모크 윈터마켓을 소개합니다!

4개국에서 모인 사미족의 전통의상과 수공예품에 매료되었어요!

순록 가죽으로 만든 핸드메이드 신발이 굉장히 따뜻해 보인다.

개회선언과 노래로 시작하는 개막식에 전통의상을 입은 사람이 많이 모였다.

나무 옹두리로 만든 공예품. 손잡이에는 독자적인 문양이 들어가 있다.

쌍둥이일까? 똑같은 의상을 입은 여자아이들이 무척 귀여웠다.

가게나 호텔 같은 곳에 장식된 순록 뿔을 자주 볼 수 있다.

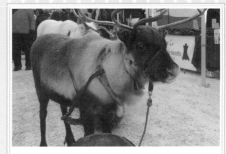

윈터마켓 안을 순록이 천천히 행진한다.

노르웨이 우편함은 심플하다. 크기가 커서 눈에 확 띈다.

일본과 똑같이 빨간색이라서 묘하게 친근감이 드네!

덴마크의 우편함은 원형으로 복고풍!

핀란드 우편함은 오렌지색과 파란색에 Posti(민영화된 우체국 이름)라고 크게 쓰여 있다.

스웨덴 우편함은 국기에 사용된 노란색과 파란색 계통의 파스텔 컬러다. 우체국 차도 귀엽다.

여행에서 발견한 재미있는디자인

4개국의 거리에서 발견한 재미있고 독특한 디자인을 담은 사진이에요!

자전거 주차장

가장 센스가 느껴졌던 주차장이 바로 이곳! 대리석 안에 바퀴가 들어가는 틈이 있다.

자전거 대국 덴마크에는 자전거 주차장이 여기저기에 있어요.

사미족 박물관에 있던 그림. 화장실 표시 그림도 사미족의 전통 의상을 입고 있다.

노르웨이 공항에서 보고 '풋' 웃음을 터뜨린 화장실 표시 그림. 유머러스하다.

급하다, 급해~

핀란드 공항에서. 알아볼 수밖에 없는 엄청난 크기!

노르웨이 것은 다시 한번 보게 됐어요.

공중 화장실은…

노르웨이 국기에 들어간 세 가지 색깔. 톱니 모양처럼 표면의 들쭉날쭉한 질감도 독특하다.

튼튼해 보이는 핀란드의 화장실. 살짝 폐소공포증이 있는 나는 갇혔을 때를 상상하면 들어가기 힘들다.

스웨덴의 한 호텔

덥!

엘리베이터의 주의사항을 나타낸 스티커. 상상하니 너무 무서워서 몸이 떨렸다.

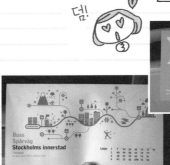

스웨덴의 트램 안에서 발견한 공공 정보가 쓰인 종이. 너무 귀여웠다. 오른쪽은 버스와 자연환경에 관한 카드이고, 왼쪽은 버스와 트램 시간표다.

파제르의 살미아키 아이스. 살미아키의 검은색이 이미지 컬러다.

아이들의 웃는 얼굴이 눈에 띄는 밀가루. 뭔가 만들고 싶어진다.

Finland

핀란드 사람들이 좋아하는 머스터드 '시나피'.

발리오의 우유. 클라우스 하파니에미의 디자인이 사랑스러워!♡

핸드솝으로 유명한 브류의 디자인은 전부 투명하다.

에코백 지참!♪

암 기금 마련을 위한 사과주스. 아이들의 그림이 참 따뜻하다.

밀가루의 종류에 따라 패키지 디자인이 조금씩 달라서 보는 재미가 있다.

덴마크의 슈퍼마켓 Irma의 소녀 캐릭터 로고가 그려진 홍차 패키지.

채소 코너에 진열된 건강한 오가닉 주스. 북유럽 사람들은 건강을 중요하게 생각한다.

귀여워!

Denmark

스웨덴의 COOP는 일본과 마찬가지로 생활협동조합. 북극권에도 있다.

핀란드의 S-MARKET은 일요일도 쉬지 않고 24시간 문을 연다.

슈퍼마켓은 식품과 생활용품 구경 이외에도 케이크숍이나 샐러드바 같은 것이 있으면 한 시간은 금방 지나가버리는 즐거운 곳이다. 극히 일부이지만 4개국의 슈퍼마켓을 소개한다.

Sweden

G마크가 들어간 그라니트는 오리지널 브랜드. 전부 다 예뻐서 기념품으로 선물하기 좋다.

과일을 새 캐릭터로 표현하든지 색이나 선의 굵기로 내용물을 나타냈다. 알라의 우유 패키지는 디자인성이 매우 뛰어나 항상 쳐다보게 된다.

맛있어!

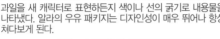

빵에 발라서 먹는 튜브 형태의 페이스트(명란젓)는 스웨덴의 국기 색깔이다.

우리 집 부엌에 두고 쓰고 싶은 귀여운 지퍼백이다.

컵에 뜨거운 물을 붓기만 하면 완성되는 수프. 여행 중 아침에 먹곤 했다.

달걀 패키지가 이렇게 예술적이라니! 충격!

바다 남자와 로포텐 제도를 이미지화한 맥주 패키지. 노르웨이답다.

수프는 생선 아니면 버섯이 들어간 것을 고르면 실패 없음!

이것도 KALLES와 같은 명란젓 페이스트. 북유럽에서는 다양한 종류를 저렴한 가격으로 판매하고 있다. 그런데 치약이랑 헷갈릴 것 같아….

Norway

노르웨이에서 가장 즐겨 다녔던 MENY. 편안하고 안정된 분위기다.

덴마크에서 슈퍼마켓에 간다면 Irma로! 디자인도 품질도 대만족!

북유럽에서 자주 볼 수 있는 편의점 세븐일레븐. 사진은 코펜하겐에 있는 곳이다

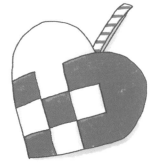

크리스마스에 만드는
귀여운 하트 장식

안데르센 하트
Julehjerter

덴마크의 크리스마스에 빼놓을 수 없는 '안데르센 하트'.
가족이 모여 한 달 전부터 만들기 시작한다는 안데르센 하트는 과자나 꽃을 넣어 크리스마스트리
에 달거나 방을 꾸밀 수 있게 하는 장식으로 가족 전체의 행복한 시간을 상징한다.
빨간색과 흰색 종이로 만드는 것이 일반적이지만 원하는 색깔로 자유롭게 만들면 된다. 펠트나
직물 등을 사용해서 만들어도 좋다.

● 만드는 법

1) 먼저 왼쪽 페이지에 있는 본을 복사한 뒤 잘라
서 뒤쪽에 연필로 칠해둔다.

2) 반으로 접은 빨간색 종이에 복사한 종이를 대
고 연필로 모양대로 따라서 그리고 중간의 선
도 위에 덧그린다(연필선이 빨간색 종이에도 그
려진다). 흰색 종이도 똑같이 한다.

3) 모양에 따라 가위로 자른다. 가위로 중간의 선
을 자를 때는 두 장의 종이가 어긋나지 않도록
주의한다. 종이가 두꺼우면 중간선을 자를 때
길게 자른다.

4) 하트의 부드러운 곡선이 밑으로 오도록 종이
를 잡는다. 어느 색을 메인 컬러로 할지에 따
라 끼우는 방법이 달라진다. 끼울 때는 두 장
을 같이 끼운다.

●본

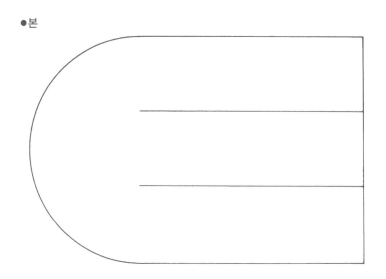

●하트를 끼우는 법

흰색 종이와 빨간색
종이를 교대로 끼운다.

고리를 만들면
완성!

사탕이나 쿠키를
넣어도 귀엽다. ♡

Glædelig
Jul!

초조해하지
말고 편하게
만들어.

에필로그

마지막까지 읽어주셔서 감사합니다! 이 책 어땠나요?
'편안한 마음'에 대해 생각해봅니다.
이번 여행은 북유럽을 만나기 전까지는 생각지도 못한 감각을 느끼고 인테리어와 건축의
전문가가 아닌 제가 마음이 편한 공간이 무엇인지 나름대로 생각해보는 시간이었어요.
덴마크의 아르네 야콥센은 '아름다운 것이 아니라 필요로 하는 것을 만든다'라는 말을
남겼습니다. 이렇게 사용하는 사람을 배려한 디자인의 건축과 인테리어가 외적인 아름
다움과는 다르게 사람을 따뜻하고 평온하게 해주는 것이 뭔가 마법처럼 느껴졌어요.
또한 북유럽의 혹독한 자연환경을 반영해 만들어진 디자인에서는 자연에 감사하고 자연
을 사랑하는 마음을 발견할 수 있었어요. 일조 시간이 짧은 북유럽에서는 '햇빛'을 너무
나도 소중하게 생각하는데 이런 자연에 대한 마음이 사람과 환경에 자연스럽게 녹아드
는 디자인으로 발전했다고 생각합니다. 스웨덴의 '피카', 덴마크의 '휘게'와 같이 휴식
시간에도 이름이 있는 것을 보면 북유럽 사람들은 '마음이 편한 공간'에 중점을 두고 풍
요로운 라이프 스타일을 추구하는 것을 알 수 있습니다.
이 책이 여러분이 북유럽에 관심을 가지거나 북유럽을 여행하는 계기가 된다면 무엇보
다 기쁠 것 같습니다.
마지막으로 책 출간을 위해 함께 힘써주신 분들께 진심으로 감사드립니다.

나시에

HOKUO GA SUKI! 2
KENCHIKU & DESIGN DE MEGURU FINLAND, SWEDEN, DENMARK, NORWAY

by Nashie
Copyright ⓒ Nashie 2016
All right reserved.
Original Japanese edition published by Diamond-Big Co., Ltd.
This Korean language edition published by arrangement with Diamond-Big Co., Ltd.,
Tokyo in care of Tuttle-Mori Agency, Inc., Tokyo through Tony International, Seoul

북유럽이 좋아!

초판 1쇄 찍음 2019년 2월 1일
초판 1쇄 펴냄 2019년 2월 8일

지은이 나시에
옮긴이 이현욱
펴낸이 신주현 이정희
마케팅 양경희
디자인 조성미
종이 월드페이퍼
제작 (주)아트인
펴낸곳 미디어샘
출판등록 2009년 11월 11일 제311-2009-33호
주소 (03345) 서울시 은평구 통일로 856 메트로타워 1117호
대표전화 02-355-3922 | 팩스 02-6499-3922
전자우편 mdsam@mdsam.net

ISBN 978-89-6857-111-4 03610